W0249889

ECHTE CAMPER

kann nichts erschüttern

DUMONT

ECHTE CAMPER

kann nichts erschüttern

TO OPEN / CLOSE VALVE

Ob mit Zelt oder Caravan, Campen ist Abenteuer!
Mit dem Verlassen der Komfortzone des eigenen Zuhauses begibt man sich auf unvertrautes Terrain: Fahrzeug, Material, Wetter – schiefgehen kann so einiges. Dennoch boomt die Campingbranche, denn echte Camper kommen mit allen Schwierigkeiten klar, nehmen sie als Herausforderung an, lernen aus Fehlern und verwandeln sie in etwas Gutes. Und egal, wie die Auszeit vom Alltag läuft, man hat auf jeden Fall etwas zu erzählen.

ECHTE CAMPER LASSEN SICH NICHT AUFHALTEN!

Von nichts …

… und niemandem.

Weder von Begrenzungen …

TRACER
AIR
TRACER

noch von Bäumen

Puccini

… oder Brücken.

2,6m
McLOUIS

Kein Weg ist zu steinig,

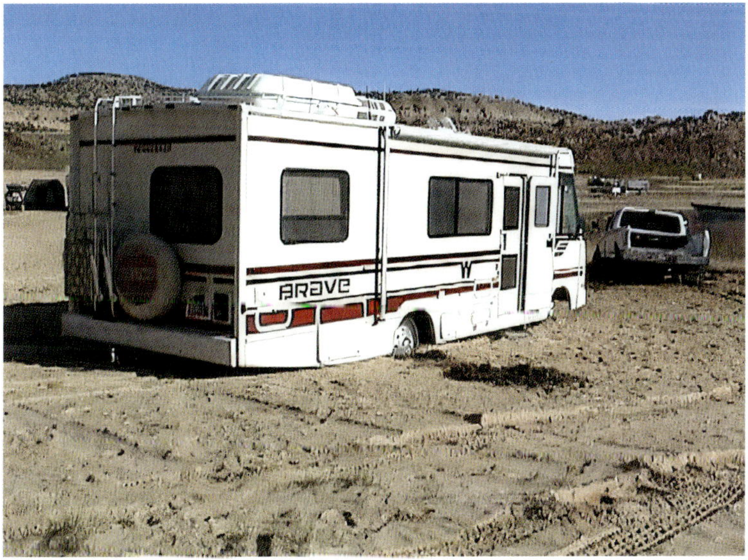

sandig

oder schlammig,

kein Berg zu steil,

keine Senke zu tief,

keine Mauer zu hoch …

… und kein Winter zu kalt.

Und selbst vom miesesten Wetter

lassen sich Camper den Spaß nicht verderben.

Leichte Anpassungen müssen allerdings vorgenommen werden,

um den Campingurlaub auch für den Nachwuchs attraktiv zu gestalten.

»SCHATZ, WO SIND DIE HERINGE?«

Unvollständige Packlisten haben auf Campingurlaube definitiv …

… dramatischere Auswirkungen als auf
Rundum-sorglos-All-inclusive-Hotelaufenthalte.

Besser, man hat ALLES dabei.

Auch wenn es unter Campern einen Trend zum Minimalismus gibt,

ist die Sorge vor Komfortverlust im Campingurlaub …

… gänzlich unbegründet.

100
D

DER CAMPER AN SICH IST SEHR ENTSPANNT

Helko Werk
Germany

Er verzichtet auf die Aussicht,

AUTOSAT
Hobby excellent easy

ist beim Stellplatz nicht wählerisch,

gibt sich mit wenig zufrieden …

… und passt sich bereitwillig den Gegebenheiten an.

Risoul

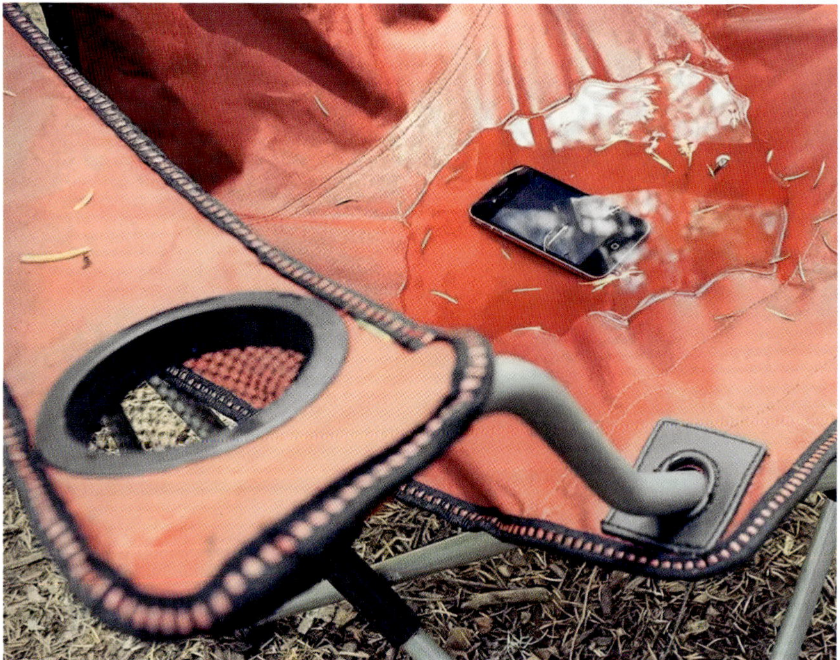

Echte Camper sind krisenfest.

Sie wissen sich immer zu helfen,

haben kreative Ideen …

427

… und für jedes Problem eine Lösung.

SWAN

Denn als Camper kann man sich einfach überall erholen.

ECHTE CAMPER MÖGEN ANDERE MENSCHEN

Im Camperherz ist auch Platz für Tiere.

UNTERKÜNFTE MIT CHARAKTER

Nihilist

Sympathieträger

Scheues Reh

Querulant

Bedenkenträger

Schwätzer

Angeber

Yogis

Rückenschläfer

Seitenschläfer

Schmierlappen

Arschgesicht

Unkooperativ

Übergriffig

Versager

Überflieger

Wenn das Wohnmobil lieber ein Zelt sein möchte

und das Zelt lieber ein Tipi,

dann darf der Wohnwagen auch ein Hausboot

… oder ein Einfamilienhaus sein.

BÖSE VORURTEILE

Camper können nicht lesen …

… und haben auch keinen Sinn für Maßangaben.

Camper sind beladungsinkompetent,

halten sich für Elektriker,

haben keine Ahnung von Statik,

wollen immer in der 1. Reihe stehen …

TIOGA
TIOGA Ranger

… und überall erreichbar sein.

Sie sind Warmduscher …

… und fürchten das Alleinesein,

sie setzen falsche Prioritäten …

OZARK TRAIL

… und fühlen sich schnell eingeengt.

SVF276

Aber echte Camper machen es sich einfach immer nett!

LMC

Auch bei DuMont erschienen:

ISBN 978-3-8321-6913-8

ISBN 978-3-8321-6935-0

ISBN 978-3-8321-9977-7

»Hat geradezu eine philosophische Dimension«

MIRIAM BÖTTGER,
ZDF ASPEKTE

Bildnachweis

Seite 7: @KelzBellz72; 9 oben: Charles Sleicher / Danita Delimont / Alamy Stockfoto; 10 und Umschlagrückseite links: picture alliance / NTB scanpix / Anders Frydenlund; 11: picture alliance / Chris Urso / Tampa Bay Times via ZUMA Wire / dpa / Chris Urso; 12 oben: Reini Kreuzer; 18: Mark Boyd; 22: @pipstewart; 23: picture alliance / Associated Press / Stiplovsek; 25: picture alliance / Christophe Gateau /dpa / Christophe Gateau; 31: @robofunny; 33: @sheikamusprime; 37: @REI; 38: @murho82; 41: Stephen Iles / Alamy Stock Foto; 45: @nick_flory007; 47: Urbanmyth / Alamy Stockfoto; 48: Stephen Barnes / Travel / Alamy Stockfoto; 49: @NiallPMcCann; 50: @lindsey.chapp; 52: Paul Elkins; 56: @REI; 57: Jeff Schrock; 67 rechts: @funnyjunk; 68: Clive Tully / Alamy Stockfoto; 80: @lazystring; 83: @eliwoodard42; 85: @stephnicks08, 87: @dunty_n; 96: @NatalieEcuyer; 98: @Twitchathon; 119: MediaWorldImages / Alamy Stock Foto; 120: @J_Glassburn; 124: picture-alliance/ dpa / dpaweb / Ursula Düren; 125: picture alliance / imageBROKER / Stefan Ziese.

Das bei der Produktion dieses Buches
entstandene CO_2 wurde durch die Finanzierung
von Klimaschutzprojekten kompensiert:
climate-id.com/17531-2110-1001/de

© 2024 DuMont Buchverlag, Köln
Die Rechte an den Bildern gehören den Urhebern.
Druck und Verarbeitung: Print Consult GmbH, München
Gedruckt auf säurefreiem und chlorfrei gebleichtem Papier

FSC
www.fsc.org
MIX
Papier aus verantwortungsvollen Quellen
FSC® C084279

Printed in Slovakia
ISBN 978-3-8321-6947-3
www.dumont-buchverlag.de